Conrad K. Butler

EL MUNDO DE LOS CAMIONES PARA NIÑOS

Ashok Leyland

UNA EMPRESA AUTOMOTRIZ INDIA QUE PRODUCE CAMIONES Y FURGONETAS, AUTOBUSES, VEHÍCULOS MILITARES Y MOTORES. LA ACTIVIDAD DE LA EMPRESA COMENZÓ CON EL MONTAJE DE VEHÍCULOS AUSTIN, EL PRIMER AUTOMÓVIL PRODUCIDO FUE EL MODELO ALO. EN 1950, SE FIRMÓ UN ACUERDO CON LEYLAND MOTORS, EN VIRTUD DEL CUAL ASHOK MOTORS TENDRÍA LOS DERECHOS EXCLUSIVOS PARA IMPORTAR, ENSAMBLAR Y LUEGO FABRICAR CAMIONES LEYLAND EN INDIA. POR SIETE AÑOS. EN 1955, LEYLAND SE CONVIRTIÓ EN ACCIONISTA DE LA EMPRESA Y SU NOMBRE SE CAMBIÓ A ASHOK LEYLAND.

ASHOK LEYLAND

ASHOK LEYLAND
1515HE

Avia

EN LA SEGUNDA MITAD DE LA DÉCADA DE 1960, COMENZARON LOS CAMIONES PEQUEÑOS MARCADOS CON LOS SÍMBOLOS A15 Y A30. PARA RODAR LAS LÍNEAS DE PRODUCCIÓN DE LA PLANTA DE AVIA EN PRAGA (REPÚBLICA CHECA). LA PRODUCCIÓN DE NUEVOS MODELOS CON LICENCIA EN LA PLANTA DE PRAGA COMENZÓ EN 1968, FUE EL RESULTADO DE UN ACUERDO DE LICENCIA FIRMADO UN AÑO ANTES ENTRE LAS AUTORIDADES CHECOSLOVACAS Y LA EMPRESA FRANCESA SAVIEM. LA PLANTA EN SÍ ERA UN CONOCIDO FABRICANTE DE AVIONES Y MOTORES DE AVIONES ANTES DE LA GUERRA. EN 2019, AVIA CELEBRÓ SU 100 ANIVERSARIO, PERO LA CONDICIÓN DE LAS PLANTAS NO ES LO MEJOR Y EL DESTINO DE SU SUPERVIVENCIA AHORA ESTÁ COLGANDO DE UN HILO.

BELAZ

BelAZ

BELAZ ES UNA FÁBRICA BIELORRUSA QUE FUE FUNDADA EN 1948. DESPUÉS DEL COLAPSO DE LA UNIÓN SOVIÉTICA, LA EMPRESA TUVO QUE ADAPTARSE AL ENTORNO ECONÓMICO CAMBIANTE. PARA EXPANDIR SU LÍNEA DE PRODUCTOS, COMENZÓ A PRODUCIR NUEVOS PRODUCTOS PARA LA CONSTRUCCIÓN DE CARRETERAS Y LA PRODUCCIÓN METALÚRGICA. LOS VEHÍCULOS BELAZ GANARON UNA BUENA REPUTACIÓN PRINCIPALMENTE EN VIETNAM Y EL NORTE DE ÁFRICA.

12
75710
БелАЗ
950

DAF

DAF es un fabricante holandés de camiones y autobuses. El nombre DAF significa Anhangwagen Fabriek de Doorne. En 1938, comenzó la producción de camiones para el ejército y después de la guerra, produjeron camiones y autobuses civiles. En 1957, produjeron el primer camión con cama para el conductor y, en la década de 1970, instalaron un motor equipado con un turbocompresor en combinación con un intercooler por primera vez.

FAP

FAP ES UN FABRICANTE YUGOSLAVO Y LUEGO SERBIO DE CAMIONES, AUTOBUSES Y REMOLQUES, CON SEDE EN PRIBOJ, SERBIA. LA EMPRESA FUE FUNDADA EN 1953 Y, A FINALES DE AÑO, FAP HABÍA PRODUCIDO TRECE CAMIONES LG Y 6G BAJO LICENCIA DE SAURER. ES EL MAYOR FABRICANTE DE CAMIONES DE SERBIA. PRODUCE VARIOS MODELOS CON CAPACIDAD DE CARGA DE 10 A 32 TONELADAS CON MOTORES DE 120 A 380 HP Y TRACCIÓN LX2 A 8X8.

FAW

FAW (FIRST AUTOMOBILE WORKS) ES UN FABRICANTE DE AUTOMÓVILES CHINO QUE SE FUNDÓ EN 1953 EN CHANGCHUN, DONDE EN JULIO DE 1956 LA PLANTA COMENZÓ A PRODUCIR CAMIONES JIEFANG CA-10. FAW PRODUCE AUTOMÓVILES DE PEQUEÑO VOLUMEN, DESDE AUTOBUSES HASTA CAMIONES.
LA PRODUCCIÓN DE CAMIONES PESADOS FAW EN 2020 SUPERÓ LA PRODUCCIÓN DE TODOS LOS CAMIONES DE LA EMPRESA DAIMLER. Y AUNQUE ESTO INICIALMENTE SE VIO COMO UN CAMBIO TEMPORAL, EL FABRICANTE CHINO SE MANTUVO AL FRENTE.

Ford

Ford es una empresa estadounidense que produce automóviles, furgonetas y camiones. Fue fundada por una de las figuras más importantes en la historia de la industria automotriz: Henry Ford en 1903 en Detroit. En 1948, se introdujo una nueva línea de camiones ligeros y camionetas, con el nombre en código F, que posteriormente se convirtió en los camiones ligeros estadounidenses más populares. Hoy, Ford es el segundo fabricante de vehículos más grande de los EE. UU. y el quinto más grande del mundo.

Foton

BEIQI FOTON MOTOR ES UNA EMPRESA AUTOMOTRIZ CHINA QUE SE FUNDÓ EN 1996 Y TIENE SU SEDE EN BEIJING. CON UN ÁMBITO DE NEGOCIO QUE ABARCA UNA SERIE COMPLETA DE VEHÍCULOS COMERCIALES, INCLUIDOS CAMIONES MEDIANOS Y PESADOS, CAMIONES LIGEROS, FURGONETAS, CAMIONETAS Y VEHÍCULOS DE MAQUINARIA DE CONSTRUCCIÓN, Y UN VOLUMEN TOTAL DE PRODUCCIÓN Y VENTAS DE APROXIMADAMENTE 9.000.000 DE VEHÍCULOS.
EL LOGOTIPO "DIAMANTE BRILLANTE" DE FOTON SE COMPARA CON UN DIAMANTE BRILLANTE, LO QUE SUGIERE EL COMPROMISO DE FOTON CON LA INNOVACIÓN TECNOLÓGICA, EL CUIDADO DE LAS PERSONAS Y LA BELLEZA DE LA ARMONÍA.

Freightliner

FREIGHTLINER ES UNA EMPRESA ESTADOUNIDENSE DE LA INDUSTRIA AUTOMOTRIZ QUE PRODUCE CAMIONES Y FORMA PARTE DEL GRUPO DAIMLER AG. LA EMPRESA TIENE SU SEDE EN PORTLAND, OREGÓN. LA COMPAÑÍA FUE FUNDADA EN 1942. ACTUALMENTE, FREIGHTLINER ES UNO DE LOS LÍDERES EN VENTAS DE CAMIONES EN LOS ESTADOS UNIDOS, Y SUS VEHÍCULOS REPRESENTAN UNA PARTE IMPORTANTE DEL MERCADO GENERAL.

GMC

GMC

GMC ES UNA EMPRESA ESTADOUNIDENSE QUE PRODUCE VEHÍCULOS UTILITARIOS DEPORTIVOS, VEHÍCULOS TODOTERRENO Y CAMIONES. LOS ORÍGENES DE LA MARCA SE REMONTAN A 1902, CUANDO MAKS GRABOWSKI, UNO DE LOS PRIMEROS FABRICANTES DE CAMIONES, FUNDÓ RAPID MOTOR VEHICLE COMPANY. GENERAL MOTORS COMPRÓ LA MARCA EN 1909 Y TRES AÑOS MÁS TARDE SE PRESENTÓ LA NUEVA MARCA GMC TRUCK EN EL SALÓN DEL AUTOMÓVIL DE NUEVA YORK. DURANTE LA GUERRA, SU MODELO CCKW (¡CON UNA CAPACIDAD DE CARGA DE HASTA 2,5 TONELADAS!) FUE UNO DE LOS CAMIONES BÁSICOS DEL EJÉRCITO AMERICANO. DURANTE MUCHO TIEMPO, LOS MODELOS TUVIERON ESTE TIPO DE MARCAS EN SUS CARROCERÍAS, HASTA QUE FINALMENTE EN 1996 SE DECIDIÓ ELIMINAR LA PALABRA CAMIÓN DEL NOMBRE.

USA
4491306
101AB506
1977
LOW MILEAGE
GMC
POISON

HINO MOTORS ES UN FABRICANTE JAPONÉS DE AUTOBUSES Y CAMIONES, PERTENECIENTE AL GRUPO TOYOTA MOTOR CORPORATION, FUNDADO EL 1 DE MAYO DE 1942. DESPUÉS DE LA SEGUNDA GUERRA MUNDIAL, HINO COMENZÓ A PRODUCIR TRACTORES Y CAMIONES DE CARGA, Y EN 1950 SE PRESENTÓ EL PRIMER TROLEBÚS DE LA EMPRESA. EN 1962 SE REALIZÓ LA PRIMERA EXPORTACIÓN DE VEHÍCULOS DE ESTA MARCA A TAILANDIA. HINO HA SIDO LÍDER DEL MERCADO EN LA VENTA DE CAMIONES MEDIANOS Y PESADOS EN MUCHOS PAÍSES ASIÁTICOS DURANTE AÑOS.

Hyundai

Hyundai es una empresa automotriz de Corea del Sur. Sus orígenes se remontan a 1947 cuando Chung Ju-Yung fundó Hyundai Engineering and Construction (entonces la mayor empresa constructora). No fue hasta 20 años después que se fundó Hyundai Motor Company. Para producir automóviles y camiones.
El nombre significa modernidad en el idioma nativo (Hyeondae), y el logo simboliza un apretón de manos de dos personas. La empresa está constantemente desarrollando y modernizando su gama de vehículos, centrándose principalmente en su funcionamiento sin fallos. En muchos casos, supera a sus rivales de Europa o Estados Unidos. A este respecto.

HYUNDAI
MIGHTY
EX8
MEGA
HYUNDAI
4.5 TON
81우5893

Isuzu

Isuzu es una empresa automotriz japonesa con sede en Tokio. Es una de las marcas japonesas más antiguas y sus orígenes se remontan a 1916 cuando 2 empresas crearon un plan de producción de automóviles, y un año después establecieron una cooperación con la británica Wolseley. Actualmente, bajo su logo, produce pick-ups, vehículos todo terreno y camiones, pero las fábricas de Isuzu también producen motores diesel, con los que GM suministra sus modelos.

บ. สหศิลาและที่ดิน จก.
THAILAND 01
83-3209
1กว 4727
ISUZU

IVECO

Iveco

IVECO ES UNA MARCA ITALIANA QUE PRODUCE FURGONETAS, CAMIONES Y AUTOBUSES. SE ESTABLECIÓ EN 1975 COMO RESULTADO DE LA FUSIÓN DE 5 EMPRESAS DE 3 PAÍSES: ALEMANIA (MAGIRUS DEUTZ), ITALIA (FIAT VEICOLI INDUSTRIALI, OM, LANCIA VEICOLI SPECIALI) Y FRANCIA (UNIC). SU PRIMER MODELO COMÚN Y MÁS POPULAR FUE EL DAILY, QUE SE LANZÓ EN 1981, SEGUIDO DEL MODELO TURBO Y, POSTERIORMENTE, EL TURBOSTAR. IVECO HA LOGRADO UN GRAN ÉXITO EN EL MERCADO EUROPEO. ADEMÁS DEL DAILY, LA EMPRESA TAMBIÉN GANÓ MUCHO DINERO CON EL MODELO EUROCARGO, QUE SALIÓ A LA VENTA EN 1991, Y DESDE 2008 SE PRODUCE LA TERCERA GENERACIÓN DE ESTE MODELO. SE VENDE EN MÁS DE NOVENTA PAÍSES Y HA GANADO NUMEROSOS PREMIOS.

Kenworth

LA MARCA KENWORTH SE ESTABLECIÓ EN 1923 EN SEATTLE (LA ESQUINA NOROESTE DE LOS EE. UU.) A PARTIR DE LA INSPIRACIÓN DE GEORGE T. GERLINGER, QUIEN ANTERIORMENTE DIRIGÍA LA EMPRESA GERLINGER MOTORS. HARRY KENT Y EDGAR WORTHININGTON TAMBIÉN PARTICIPARON EN EL PROCESO DE CREACIÓN DE LA EMPRESA, A PARTIR DE CUYOS NOMBRES SE CREÓ EL NOMBRE DE ESTE FABRICANTE (KEN+WORTH). LA EMPRESA SE CONVIRTIÓ RÁPIDAMENTE EN UN VALIOSO FABRICANTE NO SOLO DE CAMIONES, SINO TAMBIÉN DE AUTOBUSES Y CAMIONES DE BOMBEROS, Y DESPUÉS DE LA SEGUNDA GUERRA MUNDIAL EXPERIMENTÓ UN DESARROLLO PARTICULARMENTE RÁPIDO. VALE LA PENA MENCIONAR QUE EN 1945 KENWORTH PASÓ A FORMAR PARTE DE LA EMPRESA PACCAR (PACIFIC CAR AND FOUNDRY COMPANY), QUE ACTUALMENTE INCLUYE A LA HOLANDESA DAF Y TAMBIÉN A LA ESTADOUNIDENSE PETERBILT.

KONETA
KENWORTH
Turbo
12.0 LITER

KrAZ

ES UN FABRICANTE DE CAMIONES CON SEDE EN KREMENCHUK, UCRANIA. UNO DE LOS PRIMEROS CAMIONES FUE EL KRAZ-219 CON UN MOTOR DE SIETE LITROS Y 180 HP DEL TIPO JAAZ-206. DESPUÉS DEL COLAPSO DE LA URSS Y EL SURGIMIENTO DE LA UCRANIA INDEPENDIENTE, LLEGARON TIEMPOS DIFÍCILES PARA LA FÁBRICA. EN 1991, SE ESTABLECIÓ LA EMPRESA COMERCIAL KRAZ. LOS NUEVOS MODELOS DEBUTARON CON CAMIONES VOLQUETE KRAZ-6510 Y CAMIONES KRAZ-650321 DE 20 TONELADAS. EN 2006, SALIÓ EL VEHÍCULO NÚMERO 800.000. EN 2009, COMENZÓ LA PRODUCCIÓN DE CAMIONES DE UN NUEVO TIPO KRAZ C20.2 6XL.

MACK TRUCKS ES UN FABRICANTE DE CAMIONES ESTADOUNIDENSE. LA EMPRESA PRODUCE VEHÍCULOS DE CONSTRUCCIÓN, PERO TAMBIÉN VEHÍCULOS DESTINADOS A LARGAS DISTANCIAS. MACK SE HIZO ESPECIALMENTE FAMOSO DURANTE LA PRIMERA GUERRA MUNDIAL. UNAS 1.600 UNIDADES MACK AC FUERON ENVIADAS A FRANCIA, DONDE EL CAMIÓN DE 6 TONELADAS FUE APODADO "BULLDOG" POR SU RESISTENCIA, DANDO ORIGEN AL SÍMBOLO DE LA MARCA, Y NO FUE HASTA 1922 QUE SE ADOPTÓ COMO LOGO. ACTUALMENTE, ESTOS CAMIONES SON LOS MÁS POPULARES EN LOS EE. UU.

MACK
Mack Trucks Academy
MACK
MACK

MAN

MAN

ES UNA EMPRESA ALEMANA CON SEDE EN MUNICH.
UNA DE LAS MÁS IMPORTANTES EMPRESAS
PRODUCTORAS DE CAMIONES, AUTOBUSES,
FURGONETAS, MOTORES Y EQUIPOS INDUSTRIALES,
QUE TIENE MUCHAS PARTICIPACIONES EN EMPRESAS
DE TODO EL MUNDO. HOY EN DÍA, LA COMPAÑÍA
PRODUCE MUCHOS AUTOBUSES, CAMIONES Y MÁS
INNOVADORES.

M · AN 2884
Landshut
Freising
München
Arena
Messe/ICM
Nürnberg
M · AN 640
THE NEW MAN TGX INDIVIDUAL LION
Simply my truck

MAZ

MAZ, ES DECIR, MINSKI AUTOMOBILNY ZAWOD, ES UN FABRICANTE BIELORRUSO DE CAMIONES, AUTOBUSES Y TROLEBUSES (CON LICENCIA DE NEOPLAN DE 1995 A 2001), ASÍ COMO DE REMOLQUES Y SEMIRREMOLQUES CON SEDE EN MINSK, QUE EXISTE DESDE 1944 Y PRODUCE DESDE 1947. UN HECHO INTERESANTE ES QUE MAZ EN LOS AÑOS 80 DESARROLLÓ EL LLAMADO SOLO CON UN BOGIE DELANTERO INTEGRADO CON LOS PASOS DE RUEDA Y EL PARAGOLPES PERO GIRATORIO AL GIRAR SIN CABINA. TODO ERA UN POCO COMO EL COMPORTAMIENTO DE LOS VAGONES DE LOCOMOTORA. EL CONDUCTOR NO MANEJABA SOLO LAS RUEDAS (QUE SIEMPRE ESTABAN ESCONDIDAS EN LOS PASOS DE RUEDA), SINO QUE TODO EL MÓDULO ESTABA EMBALADO DEBAJO DE ÉL (SEGUNDA FOTO).

AUTOEXPORT
MA2
8320 МИЛ

Mercedes

LA MARCA ALEMANA DE AUTOMÓVILES PRODUCIDOS POR LA PREOCUPACIÓN DE DAIMLER AG. LOS TURISMOS, FURGONETAS, CAMIONES Y AUTOBUSES SE PRODUCEN BAJO LA INSIGNIA DE ESTRELLA DE TRES PUNTAS. SU INICIO SE REMONTA A 1883, CUANDO KARL BENZ, MAX ROSE Y FREDRICH W. ESSLINGER FUNDARON BENZ & CO. EL NOMBRE MERCEDES PROVIENE DEL NOMBRE DE MERCEDES JELLINEK, HIJA DE EMIL JELLINK, REPRESENTANTE DE DAIMLER. LOS CAMINOS DE LAS EMPRESAS BENZ Y DAIMLER CONVERGIERON A RAÍZ DE LOS CAMBIOS EN LA ECONOMÍA ALEMANA Y LA EMPRESA DAIMLER-BENZ SE CONSTITUYÓ OFICIALMENTE EN 1926. MERCEDES SE DISTINGUE SOBRE TODO POR LA CALIDAD, LA INNOVACIÓN Y LA SEGURIDAD, POR LO QUE ES CONSIDERADA UNA DE LAS MARCAS MÁS PRESTIGIOSAS DEL MUNDO.

Como camión, recomiendo Goodyear.
GOODYEAR MADE TO FEEL GOOD.
ROS MOTOR
TU SERVICIO OFICIAL DE
Actros
las maravillas
1426 JLC
Arocs
GER ZF 543

Mitsubishi

MITSUBISHI ES UNA EMPRESA JAPONESA FUNDADA EN 1870 POR YATARO IWASAKI. EN LA AVIACIÓN, LA DEFENSA Y LO QUE MÁS NOS INTERESA: LA INDUSTRIA AUTOMOTRIZ. EL NOMBRE SIGNIFICA "3 DIAMANTES" EN JAPONÉS Y LO REFLEJA EN SU LOGOTIPO. EN 2011, MITSUBISHI MOTORS ERA EL SEXTO FABRICANTE JAPONÉS DE VEHÍCULOS Y EL DECIMOSEXTO DEL MUNDO EN TÉRMINOS DE PRODUCCIÓN.

Navistar

Navistar

NAVISTAR ES UNO DE LOS PRINCIPALES FABRICANTES MUNDIALES DE CAMIONES, AUTOBUSES Y MOTORES. LA EMPRESA FUE FUNDADA EN 1902 Y SU SEDE SE ENCUENTRA EN LISLE, ILLINOIS. GRACIAS A CAMIONES INNOVADORES COMO LA SERIE PROSTAR, QUE ESTABLECIERON NUEVOS ESTÁNDARES EN TÉRMINOS DE AERODINÁMICA Y EFICIENCIA DE COMBUSTIBLE, EL NEGOCIO DE LA EMPRESA HA CRECIDO SIGNIFICATIVAMENTE.

Peterbilt

PETERBILT ES UNA EMPRESA ESTADOUNIDENSE DE LA INDUSTRIA AUTOMOTRIZ QUE FABRICA CAMIONES, PERTENECIENTE AL GRUPO PACCAR. LA EMPRESA TIENE SU SEDE EN DENTON, TEXAS. EN 1939, COMENZÓ LA PRODUCCIÓN DE CAMIONES PETERBILT. EN EL PRIMER AÑO DE OPERACIÓN, SE PRODUJERON 11 VEHÍCULOS, EN EL SIGUIENTE, 82. ACTUALMENTE, ESTE FABRICANTE ES UN ACTOR LÍDER EN EL MERCADO ESTADOUNIDENSE. LA LEGENDARIA COMPAÑÍA TIENE MUCHOS SEGUIDORES EN TODO EL MUNDO, PERO ESPECIALMENTE EN LOS ESTADOS UNIDOS.

Renault

UNA MARCA AUTOMOTRIZ FRANCESA QUE PRODUCE AUTOMÓVILES Y CAMIONES. LA EMPRESA FUE FUNDADA EN 1899 POR LOS HERMANOS LOUIS, FERNAND Y MARCEL RENAULT. RENAULT TRUCKS ESTÁ PRESENTE EN 100 PAÍSES DE LOS 5 CONTINENTES. EL DESARROLLO Y LA PRODUCCIÓN DE VEHÍCULOS SE CONCENTRAN EN FRANCIA Y ESPAÑA. ADEMÁS DE CAMIONES Y MOTORES DIESEL, TAMBIÉN SE PRODUCEN VEHÍCULOS MILITARES.

RENAULT TRUCKS Z.E.
#SwitchToElectric

Roman

ROMAN ES UN FABRICANTE RUMANO DE AUTOBUSES Y CAMIONES CON SEDE EN BRASOV, RUMANIA. EN 1954, LA PLANTA LANZÓ LOS PRIMEROS CAMIONES SR 101 CON LICENCIA ZIS. EN 2000, EL EQUIPO CELEBRÓ LA PRODUCCIÓN DEL CAMIÓN NÚMERO 750.000. EN LA ACTUALIDAD SE FABRICAN VEHÍCULOS MUNICIPALES, CISTERNAS, VOLQUETES, CAMIONES FORESTALES, GRÚAS, VEHÍCULOS CONTRAINCENDIOS Y MILITARES.

Scania

SCANIA ES UNA EMPRESA SUECA QUE PRODUCE CAMIONES, CABEZAS TRACTORAS, AUTOBUSES Y MOTORES DIÉSEL. LA EMPRESA FUE FUNDADA EN 1891 EN MALMÖ. EL NOMBRE DE LA MARCA PROVIENE DE TIERRAS EN SUECIA. PRONTO, LOS SUECOS TAMBIÉN COMENZARON LA PRODUCCIÓN DE CAMIONES Y TURISMOS. EN LOS AÑOS 1969–1995, CONTINUÓ LA COOPERACIÓN CON OTRA MARCA SUECA, SAAB. EN 2011, LA MARCA SUECA FUE ABSORBIDA POR COMPLETO POR VOLKSWAGEN AG.

Sisu

SISU ES UN FABRICANTE FINLANDÉS DE CAMIONES, VEHÍCULOS MILITARES Y ESPECIALES, CON SEDE EN KARIS, FINLANDIA. LA EMPRESA FUE FUNDADA EN 1931. ACTUALMENTE, LOS AUTOMÓVILES VENDIDOS BAJO LA MARCA SISU UTILIZAN CABINAS DE RENAULT PREMIUM. APARTE DEL ESTILO DIFERENTE DE LA PARRILLA DELANTERA Y EL LOGOTIPO DE SISU, LA CABINA NO ES DIFERENTE DE LAS UTILIZADAS EN LOS PRODUCTOS RENAULT TRUCKS. FUERA DE FINLANDIA, LOS VEHÍCULOS SISU SON CONOCIDOS, ENTRE OTROS, POR ESTONIA, LITUANIA, LETONIA, RUSIA Y SUECIA. SISU TAMBIÉN HA ESTABLECIDO UNA EMPRESA SEPARADA EN ESTONIA, ESPECIALIZADA EN ESTABLECER UNA RED DE VENTAS Y SERVICIOS. LOS CAMIONES SISU TAMBIÉN SON UTILIZADOS EN ORIENTE MEDIO POR UNIDADES DEL EJÉRCITO FINLANDÉS QUE OPERAN EN MISIONES DE MANTENIMIENTO DE LA PAZ DE LA ONU.

Tata

TATA ES EL MAYOR FABRICANTE PRIVADO DE
AUTOMÓVILES, AUTOBUSES Y CAMIONES, ASÍ COMO UN
GIGANTE INDUSTRIAL INDIO. TATA MOTORS ES PARTE
DEL GRUPO TATA, FUNDADO POR JAMSETJI TATA.
LOS VEHÍCULOS DE ESTA MARCA SE VENDEN
PRINCIPALMENTE EN EL CONTINENTE ASIÁTICO,
AUNQUE DESDE HACE UN TIEMPO LA COMPAÑÍA
TAMBIÉN LOS OFRECE EN ALGUNOS MERCADOS
EUROPEOS. LOS AUTOS TATA SE VENDEN EN ITALIA,
ESPAÑA, TURQUÍA Y POLONIA.

Tatra

TATRA ES UNA EMPRESA AUTOMOTRIZ CHECA FUNDADA EN 1850 POR IGNÁC ŠUSTAL. LA HISTORIA DE LOS MONTES TATRA SE REMONTA A 1850, CUANDO IGNÁC ŠUSTALA FUNDÓ UN TALLER DE PRODUCCIÓN DE CARRUAJES TIRADOS POR CABALLOS, QUE SE PRODUJERON HASTA 1925. EN 1881, LA ACTIVIDAD DE LA EMPRESA SE AMPLIÓ PARA INCLUIR LA PRODUCCIÓN DE VAGONES DE FERROCARRIL, Y EN 1897 SE INAUGURÓ LA PRIMERA SE PRODUJO UN AUTOMÓVIL DE PASAJEROS. EN LA DÉCADA DE 1920, TATRA COMENZÓ A PRODUCIR CAMIONES TECNOLÓGICAMENTE AVANZADOS. ACTUALMENTE, TATRA VENDE SUS VEHÍCULOS, P. A INDIA, AUSTRALIA, BRASIL Y ARABIA SAUDITA.

Toyota

MARCA AUTOMOTRIZ JAPONESA, FUNDADA POR SAKICHI TOYODA EN 1918 Y SU EMPRESA OPERABA INICIALMENTE EN LA INDUSTRIA DE LA CONFECCIÓN. EL DEPARTAMENTO AUTOMOTRIZ SE ESTABLECIÓ EN 1933 Y EL PRIMER PROTOTIPO SE CONSTRUYÓ DOS AÑOS DESPUÉS. TOYOTA ES UNA DE LAS EMPRESAS AUTOMOTRICES MÁS GRANDES DEL MUNDO Y VENDE CON ÉXITO CAMIONES Y FURGONETAS.

CREATING A ZERO-EMISSIONS WORLD
HEAVY-DUTY PROGRESS POWERED BY TOYOTA HYDROGEN FUEL CELL TECHNOLOGY
TOYOACE
トラック市

URALAZ ES UN FABRICANTE DE CAMIONES RUSO CON SEDE EN LA CIUDAD DE MIASS EN LA REGIÓN DE CHELYABINSK. LOS COCHES SE OFRECEN BAJO LA MARCA URAL. EL 8 DE JULIO DE 1944 SE FABRICÓ EL PRIMER CAMIÓN LLAMADO ZAKHAR. LA EMPRESA PERTENECE A LA EMPRESA GAZ DESDE 2005, Y LA PRIORIDAD DE LA FÁBRICA ES LA PRODUCCIÓN MILITAR. URALAZ PRODUCE VEHÍCULOS CON TRACCIÓN TOTAL EN CONFIGURACIONES 4×4, 6×6, 8×8 Y 10×10.

ZAD 609

Volvo

VOLVO ES UN FABRICANTE DE CAMIONES CON SEDE EN GOTEMBURGO, SUECIA, PROPIEDAD DE VOLVO AB. EN 2016, FUE EL SEGUNDO MAYOR PRODUCTOR DE CAMIONES PESADOS DEL MUNDO. EL PRIMER CAMIÓN VOLVO SALIÓ DE LAS LÍNEAS DE PRODUCCIÓN EN 1928 Y, EN 2016, VOLVO TRUCKS EMPLEÓ A MÁS DE 52 000 PERSONAS EN TODO EL MUNDO. VOLVO FABRICA Y ENSAMBLA CAMIONES EN OCHO PLANTAS DE ENSAMBLAJE DE PROPIEDAD TOTAL Y NUEVE FÁBRICAS PROPIEDAD DE INTERESES LOCALES. VOLVO TRUCKS PRODUCE Y VENDE MÁS DE 190.000 UNIDADES AL AÑO.

GLOBETROTTER
460 FH12
FH12
VOLVO
FH 12
FH12
VOLVO
FH12 460

VOLVO

Western star

WESTERN STAR ES UN FABRICANTE ESTADOUNIDENSE DE CAMIONES CON SEDE EN PORTLAND, OREGÓN. LA EMPRESA FUE FUNDADA EN 1967, INICIALMENTE COMO UNA MARCA DE WHITE MOTOR COMPANY, BAJO LA CUAL SE OFRECÍAN VEHÍCULOS EN LA COSTA OESTE DE LOS ESTADOS UNIDOS. WESTERN STAR SUMINISTRA CAMIONES PRINCIPALMENTE PARA USO ESPECIALIZADO. LA MARCA ES MUY POPULAR ENTRE LOS TRANSPORTISTAS DE MADERA, LAS EMPRESAS CONSTRUCTORAS Y LAS EMPRESAS QUE REALIZAN TRANSPORTES SOBREDIMENSIONADOS.

comprobar también:

y mucho más!